KOCHDUELL

Raffinierte Kräuter- und Gemüse-Rezepte

KOCHDUELL

Raffinierte Kräuter- und Gemüse-Rezepte

von Susanne Vössing

vgs

Die Abkürzungen in den Rezepten bedeuten:
EL = Eßlöffel
TL = Teelöffel
Msp. = Messerspitze
Pr. = Prise
Bd. = Bund
Pk. = Paket
Stk. = Stück
TKK = Tiefkühlkost

Dieses Buch erscheint zur Sendung KOCHDUÉLL, die montags bis samstags um 18.10 Uhr bei VOX ausgestrahlt wird.

Die Deutsche Bibliothek - CIP-Einheitsaufnahme
Kochduell. - Köln : vgs.
Raffinierte Kräuter- und Gemüse-Rezepte /
Susanne Vössing. - 1999
ISBN 3-8025-1405-X

Originalausgabe

Food- und Umschlagfotos: Food-Foto-Köln, Jürgen Holz;
Foto S. 31: Cornelis Gollhardt, Köln, Stephan Wieland, Düsseldorf
Foodstyling: Susanne Vössing
Szenenfotos: Michael Fehlauer, Frank Hempel, Katharina Hummel, Susanne Thies für VOX
Umschlaggestaltung und Layout: Alex Ziegler, Köln
Redaktion: Martina Weihe-Reckewitz
Produktion: Annette Hillig
Printed in Spain
ISBN 3-8025-1405-X

Besuchen Sie unsere Homepage im WWW: www.vgs.de
oder die Homepage vom Kochduell: www.vox.de

Inhalt

Vorwort

Kochen ist für mich eine Art Kunst. Aus frischen Lebensmitteln etwas Leckeres zu „zaubern“, meine Gerichte anderen zu präsentieren und Freunde und mich selbst zu verwöhnen, das macht mir Spaß. Dabei muß es weder teuer, noch besonders aufwendig sein, einmal etwas Außergewöhnliches aufzutischen.

Uns stehen heute überall und zu jeder Jahreszeit so viele köstliche Lebensmittel zur Verfügung, daß es eine Schande wäre, sich nicht öfter mal daran zu wagen, etwas Neues auszuprobieren. Dazu möchte ich Sie mit meinen Rezepten, die teilweise sicher etwas ungewöhnliche Zusammenstellungen aufweisen, anregen. Die Zubereitungen in diesem Buch sind lange nicht so schwer, wie der Name des Gerichts es vielleicht manchmal vermuten läßt. Haben Sie nur ein klein wenig Mut und glauben Sie mir – Kochen ist keine Zauberei, im Gegenteil: Es macht Spaß und gelingt mit Sicherheit!

Kochen und Essen gehören natürlich eng zusammen, und beide bedeuten für mich Genuß und Geselligkeit. Ich habe viele Jahre meines Lebens in Frankreich verbracht und hatte das große Glück, am französischen Familienleben teilhaben zu können. Daher stammt sicher meine Vorliebe für die verschiedensten Kräuter und für frische Gemüse aller Art sowie die Verwendung von Obstsäften zum Kochen. Aber auch meine Faszination für die Selbstverständlichkeit des Kochens und Bewirtens.

Das gemeinsame Essen gehört dort auch im Alltag einfach dazu. Es wird nicht tagelang geplant und eingekauft, es kommt einfach auf den Tisch, was man da hat, nur ein wenig verfeinert und angerichtet. Mindestens eine gute Stunde dauert ein solches Essen immer, und wieviele Menschen daran teilnehmen, darauf kommt es nicht an – je mehr, desto besser. Ob Verwandte oder Freunde, jeder ist herzlich willkommen.

Begonnen wird ein Essen in Frankreich grundsätzlich mit feinen Kleinigkeiten wie Oliven, eingelegten Gemüsen, Pasteten und Rillettes, Würsten und Schinken usw. Dabei steht immer frisches Baguette auf dem Tisch, und zwar zu allen Gängen, bis hin zum Nachtisch. Danach gibt es meistens einen frischen

Salat und dann ein Hauptgericht, meist Fisch oder Fleisch und zwar – ander als hier – entweder mit Gemüse oder einer Sättigungsbeilage wie Kartoffeln, Nudeln, Reis oder ähnlichem. Die Franzosen reichen nie beides zu einem Gang.

Sollten Sie bei meinen Rezepten eine Sättigungsbeilage vermissen, bieten auch Sie einfach Baguette dazu an, oder wählen Sie irgendeine aus den hier angebotenen Beilagen aus, zum Beispiel meine Kartoffeln in Kräutersahne, eine Risotto-Variation oder ein raffiniertes Couscous. Sie können mit keiner Kombination etwas falsch machen.

Meine große Liebe zu Frankreich schlägt sich natürlich auch in den Zutaten meiner Rezepte nieder: Lavendelblüten als Gewürz, Austern und Schalentiere in verschiedenen Variationen oder Rillettes sind bei uns hier nicht alltäglich. Aber probieren Sie es doch einfach mal: Sie werden es als kostbare Bereicherung empfinden.

Etwas strittig ist sicher die Verwendung von Gänsestopfleber. Aber wer fragt beim normalen Fleischgenuß danach, wie Masttiere aufgezogen werden, wie sie transportiert und geschlachtet werden? Für eine solche Leber gilt deshalb das gleiche wie bei allen Lebensmitteln: Kaufen Sie nur beim Händler Ihres Vertrauens. Eine Gans, die fachgerecht behandelt wurde, liefert eine bessere Leber als eine, die für den Massenmarkt schnell und schlecht gestopft wurde. Das Tier mußte mehr leiden, die Qualität ist schlechter und der billigere Preis ist in diesem Fall nicht angemessen.

Ein kleiner Tip am Rande: Fisch- oder Fleischstücke brate ich immer in der Pfanne kurz an und gebe sie dann zum endgültigen Garen in den Backofen, je nach Größe und Dicke der Stücke 10 bis 15 Minuten bei ca. 180 °C. Das hat zwei entscheidende Vorteile: Diese Garmethode ist besonders schonend und liefert zarte Ergebnisse. Außerdem brauchen Sie sich nicht weiter darum zu kümmern, außer hin und wieder nachzuschauen, ob Sie die Temperatur herunterstellen sollten.

Haben Sie keine Angst vor ungewohnten Zutaten. Der Clou des KOCHDUELLs ist es, möglichst nicht zueinander passende Lebensmittel in kürzester Zeit zu einem köstlichen Gericht zu verwandeln. Ich kann Ihnen sagen, das macht kreativ! Mich hat es auch mutiger gemacht, und inzwischen habe ich ungeheuren Spaß daran, Neues und Ungewöhnliches zu kombinieren und die verschiedensten Dinge miteinander anzurichten. Nutzen Sie die Möglichkeiten, die auch Sie in Ihrer Küche haben, und entdecken Sie mit mir und diesem Kochbuch das Kochen als kreative und kommunikative Beschäftigung.

Ihre

Gänseblümchensuppe

KOCHDUELL

(für 4 Personen)

2 Handvoll Gänseblümchen
1 Zwiebel
750 ml Geflügelbrühe
2 Scheiben Roggenbrot
Pflanzenöl zum Braten
und Fritieren
Salz, Pfeffer
1 EL Zucker

Die Zwiebel schälen, würfeln und in wenig Pflanzenöl mit dem Zucker anschwitzen. Dann die kleingeschnittenen Gänseblümchen (20 ganze beiseite legen) dazugeben, würzen, mit der Brühe auffüllen und alles ca. 10 Minuten kochen lassen. Das Brot in Würfel schneiden, in Öl anbraten und beiseite stellen. Die übrigen Gänseblümchen in heißem Fett kurz fritieren. Die Suppe auf vorgewärmte Suppenteller verteilen, die Brotwürfel zugeben und mit den fritierten oder frischen Gänseblümchen garnieren.

Zubereitungszeit: ca. 20 min

(für 3-6 Personen)

500 g Kartoffeln
1 l Fleischbrühe
1 Pk. Grünkohl (TKK)
125 ml Sahne
Salz, Pfeffer, Muskat
100 g Knoblauchwurst
Pflanzenöl

Caldo verde: Kartoffel-Grünkohl-Suppe

Die Kartoffeln schälen, in der Fleischbrühe kochen, bis sie richtig weich sind. Dann mit einem Mixer pürieren, den aufgetauten Grünkohl zugeben und nochmals 5 Minuten kochen lassen. Die Sahne unterrühren, nach 5 Minuten Köcheln nochmals mixen. Schließlich mit Salz, Pfeffer, Muskat abschmecken. Die Knoblauchwurst in Scheiben schneiden und in etwas Öl anbraten. Auf Küchenpapier abtropfen lassen und in die Suppe geben.

Zubereitungszeit: ca. 30 min

Tip: Ob als Vor- oder Hauptspeise, dazu sollte man **Knoblauchbaguette** reichen: Baguette in große Stücke schneiden, diese längs halbieren und mit je 1 gepreßten Knoblauchzehe bestreichen, mit Olivenöl beträufeln und kurz grillen oder in der Pfanne kross anbraten.

Deftige Avocadosuppe

(für 4-6 Personen)

120 g durchwachsener Speck
2 Zwiebeln
125 ml Riesling
500 ml Geflügelfond
2 reife Avocados
140 ml Sahne
4 EL Crème fraîche
Salz, Pfeffer, Chilipulver

Die Zwiebeln und den Speck würfeln. Zunächst in einem Topf den Speck auslassen, dann die Zwiebeln zufügen und mitdünsten. Mit dem Riesling ablöschen und mit der Brühe aufgießen. Die Avocados halbieren und entkernen; das Fruchtfleisch auslöffeln und in der Brühe ca. 5 Minuten kochen lassen, mit dem Mixer durchrühren, mit Salz, Pfeffer und etwas Chilipulver abschmecken. Die Sahne zufügen, aufwallen lassen und nochmals mixen. Die Suppe in Teller füllen und mit einem Klecks Crème fraîche verfeinern.

Zubereitungszeit: ca. 20 min

(für 2 Personen)

1 Honigmelone
1 Bd. Löwenzahnblätter
1/2 Salatgurke
3 EL Honig
Weißweinessig
Salz, Pfeffer
Balsamicoessig
Olivenöl
kleine Basilikumblätter

Kalte Melonen-Gurken-Suppe mit Löwenzahn

Die Honigmelone quer halbieren, dabei den Rand zackenförmig schneiden, und die Kerne entfernen. Das Fruchtfleisch bis auf einen schmalen Rand auslöffeln. Das ausgelöffelte Fruchtfleisch mit der kleingeschnittenen Gurke, 2 EL Honig, Salz und Pfeffer pürieren, mit etwas Weißweinessig abschmecken.
Eine Vinaigrette aus zwei Teilen Balsamicoessig und einem Teil Olivenöl herstellen, mit Salz, Pfeffer und etwas Honig abschmecken. Vom Löwenzahn nur die oberen Hälften verwenden, diese waschen und mit der Vinaigrette vermengen. Die Melonen-Gurken-Masse wieder in die Melonenhälften füllen und den marinierten Löwenzahn beilegen. Mit Basilikumblättern dekorieren.

Zubereitungszeit: ca. 20 min

Curry-Kokosnuß-Suppe mit Minze

(für 2-3 Personen)

1 Dose Kokosnußmilch
1 Zwiebel
20 g Butter
3 EL Currypulver
500 ml Sahne
Salz, Pfeffer
Honig, Tabasco
Minzeblätter

Die Zwiebel schälen, kleinschneiden, mit der Butter anschwitzen, mit dem Curry bestäuben und ca. 5 Minuten angehen lassen. Dann mit Kokosmußmilch und Sahne auffüllen und weitere 10-15 Minuten köcheln lassen. Schließlich mit Salz, Pfeffer, Honig und etwas Tabasco leicht pikant abschmecken. Mit Minzeblättern garnieren.

Zubereitungszeit: ca. 25 min

Tip: Dazu passen gut frisch gebackene **Thymiancroûtons** (vgl. Seite 20) oder als Einlage kleingewürfeltes und scharf angebratenes Geflügel.

KOCHDUELL

Brennesselsuppe

(für 2-3 Personen)

200 g Brennesseln
2 kleine rote Zwiebeln
2 cl Noilly Prat
125 ml Geflügel- oder Gemüsebrühe
250 ml Sahne
Salz, Pfeffer
Pflanzenöl
1/2 PK. Backerbsen
2 EL Crème fraîche

Gehen Sie zunächst mit einer Backrolle kräftig über die Brennesselblätter, damit die Härchen nicht mehr „brennen“. Die Zwiebeln schälen, kleinschneiden und in etwas Öl angehen lassen. Mit dem Noilly Prat ablöschen, die Brühe dazugeben und 5 Minuten kochen lassen. Die Hälfte der Brennesseln beifügen, aufkochen lassen und mit dem Mixer pürieren. Dann mit der Sahne weitere 5 Minuten kochen lassen, die restlichen Brennesseln zugeben und sofort mixen. Mit Salz und Pfeffer abschmecken. Vor dem Servieren auf die Suppe noch einen Klecks Crème fraîche und einige Backerbsen setzen.

Zubereitungszeit: ca. 15 min

Tip: Von den Brennesseln werden nur die jungen, zarten Triebe zum Kochen verwendet. Feingehackte Brennesseln lassen sich auch unter frischen Quark, Ziegenkäse oder Ricotta mischen und eignen sich so hervorragend als Füllung von Ravioli oder als Brotaufstrich.

Noilly Prat ist ein weißer Wermut aus Frankreich mit besonders weichem Aroma.

Ziegenkäse im Sonnenblumenkernmantel auf Sojasprossen

KOCHDUELL

(für 4 Personen)

4 große Scheiben
Ziegenkäse à 80 g
1 Ei
100 g Sonnenblumenkerne
600 g Sojasprossen
20 g Butter
Pflanzenöl
Salz, Pfeffer
1 EL Zucker
1 Bd. Schnittlauch
Sojasauce

Das Ei verquirlen, den Ziegenkäse darin wälzen und anschließend mit den Sonnenblumenkernen panieren. Zunächst in einer nicht zu heißen Pfanne von beiden Seiten anbraten und dann für 5 Minuten bei 180 °C im Backofen weitergaren. Die Sojasprossen mit Butter und etwas Öl anbraten, mit Zucker, Salz, Pfeffer würzen. Den Schnittlauch in 4 cm lange Stäbchen schneiden, zufügen und einmal ankochen lassen. Zum Schluß noch mit etwas Sojasauce abschmecken. Der Käse wird auf den Sojasprossen angerichtet, dazu paßt besonders gut deftiges Zwiebel-Roggenbrot.

Zubereitungszeit: ca. 15 min

Tip: Statt der Sonnenblumenkerne kann man auch Kürbiskerne oder gehackte Pistazien verwenden.

Eier in Trüffelcremesauce mit Thymiancroûtons

(für 4 Personen)

4 große Eier
1/2 Glas Trüffelbutter
250 ml Sahne
2 EL Cognac
Salz, Pfeffer

Thymiancroûtons
8 Scheiben Baguette
Olivenöl
frischen Thymian

Die Sahne mit der Trüffelbutter und dem Cognac aufsetzen, etwas einkochen lassen und mit Salz und Pfeffer abschmecken. Die Sauce auf 4 Keramikförmchen verteilen und je 1 rohes Ei vorsichtig daraufsetzen. Die Förmchen im (heißen) Wasserbad im vorgeheizten Backofen bei ca. 200 °C 8-10 Minuten garen. In der Zwischenzeit die Thymiancroûtons vorbereiten: etwas Olivenöl mit dem gehackten Thymian vermengen, die Baguettescheiben damit großzügig bestreichen und in der Pfanne kurz backen.

Zubereitungszeit: ca. 20 min

Tip: Zusätzlich frische oder eingelegte Trüffel zur Trüffelbutter sind das I-Tüpfelchen zu dieser köstlichen Vorspeise.

(pro Person)

1 Apfel
50 g Zucker
20 g Puderzucker
1/2 Bd. frischer Thymian
50 g Ziegenkäse
Olivenöl

Thymian-Ziegenkäse auf karamelisierten Apfelstücken

Den Apfel schälen, entkernen, in Stücke schneiden, auf einem flachen Teller anrichten und mit Zucker und Puderzucker bestreuen oder die gezuckerten Apfelstücke in der Pfanne karamelisieren. Den Ziegenkäse mit den abgezupften Thymianblättern panieren. Kurz in Olivenöl anbraten und 5 Minuten im Backofen bei 180 °C backen. Den gebackenen Käse in der Mitte des Tellers mit den karamelisierten Apfelstücken anrichten.

Zubereitungszeit: ca. 15 min

Tip: Wenn Sie den Apfel rund abschälen, können Sie die Schale zur Rose aufrollen und als Dekoration auf die Mitte des Ziegenkäses setzen.

Schmorapfel mit Roquefortsauce

(pro Person)

2 grüne Äpfel
Salz, Pfeffer, Zucker
5 g Butter
50 g Roquefortkäse
125 ml Sahne
1 Pk. Tempurateig
200 ml Wasser
1 Eigelb
Öl zum Ausbacken

Das obere Viertel eines Apfels abschneiden und ihn großzügig aushöhlen. Den Apfel mit Salz, Pfeffer und Zucker würzen, die Butter zugeben und dann im Ofen bei 180 °C etwa 7 Minuten backen. Roquefort und Sahne in einem Topf erhitzen und etwas reduzieren lassen. Den Tempurateig mit Wasser, Eigelb, Salz und Pfeffer vermengen.
Den zweiten Apfel rund abschälen (die Schale zur Rose formen), entkernen und in 8 Stücke schneiden. Die Apfelstücke im Tempurateig wenden und in Öl ausbacken. Den Schmorapfel in die Mitte des Tellers geben, die ausgebackenen Apfelstücke außen herum verteilen. Die Käsesauce in den Schmorapfel geben und die Apfelrose auf die Sauce. Man kann auch noch mit Basilikumblättern oder Minze dekorieren.

Zubereitungszeit: ca. 25 min

Tip: Wenn man die Apfelstücke 3-4mal durch den Teig zieht und jeweils nach jedem Wenden ausbackt, erhält man eine dickere Teigumrandung und einen schönen Apfelanschnitt.

Tempurateig ist ein chinesischer Ausbackteig (im Asienshop erhältlich), den man nur noch mit Wasser und Eigelb anrührt (vgl. Seite 56).

Gefülltes Gurkenschiffchen auf Orangenscheiben

(pro Person)

1/2 Salatgurke
Salz
60 g Zucker
1 roter Apfel
50 g Trockenpflaumen
Rotwein
4 cl Amaretto
1 Orange
Pfefferminzeblätter

Die Salatgurke längs halbieren, in die Form eines Schiffchens bringen (tournieren) und von den Kernen befreien. Den Zucker in einem Topf zum Schmelzen bringen. Den Apfel schälen, entkernen, in kleine Stücke schneiden und mit den halbierten Trockenpflaumen zum geschmolzenen Zucker geben. Dann mit Rotwein ablöschen und mit dem Amaretto flambieren. Die Orange schälen, in dünne Scheiben schneiden und auf einem flachen Teller anrichten. Das leicht gesalzene Gurkenschiffchen in die Mitte legen, mit dem Apfel-Pflaumen-Ragout füllen und mit ein paar Minzeblättern garnieren.

Zubereitungszeit: ca. 15 min

Tip: Dazu paßt herzhaftes Speck-Zwiebel-Brot.

Mit **Tournieren** ist in der Fachsprache des Kochens das Modellieren von Nahrungsmitteln gemeint, die also für den Augenschmaus in beliebige Form gebracht werden.

Kartoffelnest mit marinierten scharfen Erdbeeren

(pro Person)

1 dicke Kartoffel
Fett zum Ausbacken
1/2 Schale Erdbeeren
Calvados
Salz, Pfeffer,
Cayennepfeffer
2 EL Zucker
1 kl. Bund Minze
1/2 Banane
Weißweinessig
Saft von 1/2 Zitrone

Die geschälte Kartoffel mit einem Spiraldreher in dünne Fäden drehen (oder in sehr feine Stifte schneiden), in tiefem Fett ausbacken, salzen und als Nest auf einem flachen Teller anrichten. Die geviertelten Erdbeeren mit Calvados, 1 EL Zucker, etwas Cayennepfeffer und Pfeffer aus der Mühle sowie fein geschnittener Minze ca. 1/2 Stunde marinieren und dann auf das Kartoffelnest setzen.
Für die Sauce die Banane mit einem Schuß Weißweinessig, 1 EL Zucker, dem Saft 1/2 Zitrone und etwas Cayennepfeffer pürieren, dann als Soßenspiegel anrichten. Zum Schluß mit einigen ganzen Minzeblättern dekorieren.

Zubereitungszeit: ca. 35 min

Tip: Dieses frische Sommergericht eignet sich als Vorspeise wie als Hauptgericht.

Reibekuchen mit herzhaftem Quittenkompott

(für 2-4 Personen)

Quittenkompott
2 reife Birnenquitten
70 g Zucker
250 ml Riesling
5 Lorbeerblätter
3 Nelken
Salz, Pfeffer, Chilipulver

Die Quitten schälen, vierteln, das Gehäuse entfernen und in gleich große Stücke schneiden. Den Zucker in einer Pfanne karamelisieren, die Quittenspalten, Lorbeerblätter und Nelken dazugeben, mit dem Weißwein ablöschen und langsam garkochen. Mit Salz, Pfeffer und etwas Chili würzen. Vor dem Servieren die Nelken und Lorbeerblätter entfernen.

Reibekuchen
800 g Kartoffeln, mehlig
1 große Zwiebel
2 Eier
Salz, Pfeffer, Muskat
Öl zum Ausbacken

Die Zwiebel schälen und in kleine Würfel schneiden; die geschälten Kartoffeln fein reiben. Beides mit den Eiern und Gewürzen vermengen. In der Pfanne schön knusprig ausbacken und das Quittenkompott dazu reichen.

Zubereitungszeit: ca. 40 min

Nudeln in Brennesselmayonnaise mit Mangoscheiben

(für 4 Personen)

300 g Nudeln
1 reife Mango
120 g Brennesseln
12 EL Balsamicoessig
8 EL Olivenöl
Salz, Pfeffer, Zucker
500 g Mayonnaise

Die Nudeln bißfest (al dente) kochen. Die Mango schälen, entkernen, in Scheiben schneiden und kreisförmig auf den Tellern anrichten. Etwa 10 g Brennesseln in etwas Balsamicoessig und Olivenöl mit Salz, Pfeffer und wenig Zucker marinieren. Die restlichen Brennesseln kleinhacken und mit Mayonnaise, Salz und Pfeffer verrühren.
Die fertigen Nudeln mit der Brennesselmayonnaise vermengen und auf den Mangoscheiben anrichten. Die marinierten Brennesseln auf den Nudeln verteilen.

Zubereitungszeit: ca. 20 min

Tip: Die Brennesseln immer zuerst mit der Backrolle plätten, damit die Härchen nicht „brennen".

Tip: Risotto paßt zu allen Fisch-, Geflügel- und Fleischgerichten wie auch zu reinen Gemüsegerichten.

Tip: Die benötigten Säfte kann man meist fertig kaufen, doch ich bereite sie stets frisch zu: Das gewaschene Gemüse oder Obst nicht schälen und entkernen, nur kleinschneiden und in einen Entsafter geben.

Risotto mal anders

(für 4 Personen)

Risotto klassisch
200 g Risotto (oder Milchreis)
400 ml Flüssigkeit (Weißwein und Brühe)
1 Schalotte
10 g Butter
Salz, Pfeffer
20 g geriebener oder gehobelter Parmesan

Die Schalotte schälen und fein würfeln, dann in der Butter glasig anschwitzen. Den Reis zugeben und ebenfalls glasig werden lassen, leicht salzen. Alles mit Weißwein ablöschen und mit Brühe auffüllen und aufkochen lassen. Dann mit einem Tuch abdecken, einen Deckel auflegen, von der Kochstelle ziehen und 25 Minuten ziehen lassen. So kann der Risotto nicht anbrennen, aber die Restwärme reicht aus, damit er garzieht. Danach mit Salz und Pfeffer abschmecken und den Parmesan unterrühren.

Zubereitungszeit: ca. 35 min

Risotto anders
Das klassische Risottorezept läßt sich vielfältig abwandeln und damit eine exquisite Beilage mit außergewöhnlicher Geschmacksnote kreieren: dem gekochten Reis beispielsweise 1 Pk. Tintenfischtinte (Onkre) für „Risotto nero“ zusetzen oder 4 EL Pesto (vgl. Seite 81) für „Risotto pesto“. Viele weitere Variationsmöglichkeiten ergeben sich, indem man statt Weißwein und Brühe frische Gemüse- oder Fruchtsäfte beifügt, z. B. für

Tomatenrisotto:
400 ml Tomatensaft und 1 EL Tomatenmark
Karottenrisotto:
400 ml Karottensaft
Orangenrisotto:
400 ml Orangensaft und einige Orangenstücke
Rote-Bete-Risotto:
400 ml Rote-Bete-Saft und 1 EL Essig
Paprikarisotto:
400 ml Paprikasaft und Paprikawürfel
Rotweinrisotto:
400 ml (kräftigen) Rotwein und 1 EL Zucker

Die Nudeln bißfest (al dente) kochen. Für die Pflaumenvinaigrette das Pflaumenmus mit Senf und Rotweinessig mixen, mit Salz, Pfeffer und Zucker würzen und mit Olivenöl vermengen. Die Nudeln mit dem Käse im Topf leicht erhitzen, die kleingeschnittene Peperoni (ohne Kerne) und die Kräutermischung untermengen. Zum Schluß die Pflaumenvinaigrette in tiefen Tellern verteilen, die Nudeln darauf anrichten und mit frischen Kräutern garnieren.

Zubereitungszeit: ca. 15 min

Nudeln in Pflaumenvinaigrette

(für 4 Personen)

200 g Nudeln
100 g Pflaumenmus
2 EL scharfer Senf
Rotweinessig
Salz, Pfeffer, Zucker
Olivenöl
80 g Gorgonzola
2 Pk. frische Kräuter (TKK)
1 Peperoni

Vinaigrette

Für Kalorienbewußte, die nicht auf leckere Saucen verzichten möchten: Man kann Vinaigrettes auch mal ganz anders machen, z. B. auf Gemüsebasis oder mit Fruchtsaucen. Diese Vinaigrettes können ca. 1 Woche im Kühlschrank aufbewahrt werden, sollten vor dem Gebrauch allerdings gut durchgerührt werden. Solche Vinaigrettes passen (auch als Sauce) besonders gut zu allen Salaten, Fisch, Geflügel und hellem Fleisch.

Gemüsevinaigrette

(ca. 10 Portionen)

2 Karotten, schälen und kleinschneiden
Weißweinessig
1 EL Zucker
Salz, Pfeffer
Oliven- oder Sonnenblumenöl

Die Essigmenge ist immer abhängig von der Gemüsemenge: Als Faustregel bei Gemüsevinaigrettes gilt, daß das Gemüse mit Essig immer leicht bedeckt sein sollte. Das kleingeschnittene Gemüse mit Essig, Zucker, Salz, Pfeffer weichkochen lassen, dann mit etwas Wasser mixen. An Öl benötigen Sie 2/3 des Gemüsevolumens, am besten zur Hälfte Sonnenblumenöl und Olivenöl untermengen. Die Mischung kann man noch pikant abschmecken oder ihr durch Mitkochen von Kräutern, z. B. Rosmarin, eine besondere Note geben.

Tip: Für Gemüsevinaigrettes immer kleingeschnittenes Gemüse z. B. Karotten, Paprika, Rote Bete usw. verwenden und noch warm fertigstellen.

Zubereitungszeit: ca. 20 min

Fruchtvinaigrette

Besonders geeignet sind

Mango, Apfel, Passionsfrucht, alle Zitrusfrüchte, alle Beerensorten u. v. m.
Weinessig oder Balsamicoessig
Zucker oder Honig
Salz und Pfeffer

Die Früchte waschen, evtl. schälen und entkernen, (außer der Passionsfrucht) weichkochen und pürieren. Zum Fruchtpüree geben Sie die Hälfte des Volumens an Essig zu, eventuell Zucker oder Honig, Salz und Pfeffer. Die gut gemischte Menge mit der Hälfte des Volumens an Pflanzenöl vermixen.

Zubereitungszeit: ca. 15 min

Kabeljau mit Bündnerfleischrose auf Weintraubenragout

(für 4 Personen)

4 Kabeljaufilets à 140 g
12 Scheiben Bündnerfleisch
Salz, Pfeffer
Öl zum Anbraten
je 1 Schale rote und weiße Weintrauben
50 g Zucker
125 ml Rotwein

Das Bündnerfleisch zu Rosen legen. Den Kabeljau mit Salz und Pfeffer würzen, in heißem Öl anbraten und im Backofen bei 180 °C 5-6 Minuten weitergaren. Die Weintrauben waschen, halbieren und entkernen. Den Zucker in einer großen Pfanne schmelzen, dann die Weintrauben zugeben und mit dem Rotwein ablöschen. Etwa 5 Minuten köcheln lassen und mit Salz und Pfeffer würzen. Die Weintrauben herausnehmen, den Saft etwas reduzieren und beim Anrichten als Farbtupfer in die Beurre blanc geben.

Beurre-blanc-Sauce

2 Schalotten
250 ml Weißwein
1 Lorbeerblatt
Salz, Pfeffer
Saft einer Zitrone
125 g Butter

Die gehackten Schalotten mit dem Weißwein und dem Lorbeerblatt erhitzen und die Flüssigkeit um mehr als die Hälfte reduzieren. Dann den Zitronensaft und die kalten Butterstücke zugeben, ohne nochmals aufzukochen (Butter aufmontieren). Mit Salz und Pfeffer abschmecken und das Lorbeerblatt entfernen. Das Weintraubenragout in der Mitte der Teller anrichten, die Beurre blanc darum verteilen, den Kabeljau auf das Ragout setzen und mit der Bündnerfleischrose dekorieren.

Zubereitungszeit: ca. 35 min

Tip: Dieses delikate Gericht ist lecker, leicht und preiswert. Man kann statt des Bündnerfleischs auch eine Räucherlachsrose dazu reichen.

Butter aufmontieren bedeutet, kalte Butterstückchen z. B. in einer Soße schmelzen zu lassen und einzurühren, ohne sie nochmals aufzukochen. Dadurch bleibt der typische Buttergeschmack erhalten.

KOCHDUELL

Crêpes mit Räucherlachsfüllung auf Meerrettichcreme

(für 4 Personen)

Crêpeteig
8 gehäufte EL Mehl
1 TL Zucker
2 Pr. Salz
2 Eier
Mineralwasser
30 g Butter
Öl zum Ausbacken

Räucherlachsfüllung
200 g Räucherlachs
200 g Crème fraîche
3 EL Meerrettich
1 kleiner Friseesalat
6 EL Balsamicoessig
4 EL Olivenöl
Salz, Pfeffer

Das Mehl mit Zucker und Salz in eine Schüssel geben, die Eier mit etwas Mineralwasser mixen und das Mehl damit anrühren. Daraus sollte eine flüssig-sämige Masse entstehen. Die Butter im Topf erhitzen und solange köcheln lassen, bis sie bräunt und zur sogenannten Nußbutter wird. Die Butter heiß in die Masse einrühren und den Teig dann 15 Minuten ruhen lassen. Die Crêpes werden in einer flachen Pfanne mit ganz wenig Öl hell gebacken. Die Pfanne dafür am besten mit einem geölten Küchenpapier ausreiben, so daß kein überschüssiges Öl in der Pfanne bleibt. Die fertigen Crêpes auskühlen lassen.

Die Crème fraîche mit dem Meerrettich anrühren, die Crêpes mit einem Teil der Creme bestreichen und die Lachsscheiben darauf verteilen. Die Crêpes dann einrollen und in schräge Scheiben (6 pro Crêpe) schneiden. Den Friseesalat putzen, waschen mit Balsamicoessig, Öl, Salz und Pfeffer marinieren. Die Crêpescheiben auf Teller verteilen, in die Zwischenräume jeweils eine kleine Haube Meerrettichcreme setzen und den Friseesalat in der Mitte anrichten.

Zubereitungszeit: 40 min

Lachs mit Kartoffel-Dill-Püree auf geschmolzenen Tomaten

(für 4 Personen)

4 Scheiben Lachs à 140 g
Salz, Pfeffer
Olivenöl
4 dicke Kartoffeln
1 Bd. Dill

Den Lachs mit Salz und Pfeffer würzen, in wenig Olivenöl kurz anbraten und auf ein Blech mit Backpapier legen. Aus den Kartoffeln einen Püree herstellen, würzen, mit dem gehackten Dill vermengen und aus einem Spritzbeutel mit Sterntülle auf dem Lachs verteilen. Im Backofen bei 180 °C ca. 8 Minuten garen.

Geschmolzene Tomaten
8 dicke Fleischtomaten
8 EL Olivenöl
Salz, Pfeffer
1 EL Honig
1 Bd. Petersilie

Die Tomaten blanchieren, enthäuten, vierteln und entkernen. Das Fruchtfleisch in Würfel schneiden und in reichlich Olivenöl erhitzen. Mit Honig, Salz und Pfeffer würzen, zum Schluß die fein gehackte Petersilie zugeben. Der Fisch wird auf den geschmolzenen Tomaten angerichtet.

Zubereitungszeit: ca. 40 min

Saltimbocca von der Lotte mit Parmesansauce

(für 4 Personen)

8 Medaillons von der Lotte à 60 g
8 Scheiben Parmaschinken
16 frische Salbeiblätter
1 EL Olivenöl
250 ml Sahne
60 g frisch geriebener Parmesan
frischer Pfeffer

Auf die Fischmedaillons je ein Salbeiblatt legen und dann jeweils mit Parmaschinken umwickeln, den Wickel mit einem Zahnstocher befestigen. In Olivenöl anbraten und im Ofen bei 150 °C ca. 8 Minuten ziehen lassen. Für die Sauce die Sahne mit dem Parmesan aufkochen, leicht reduzieren und mit Pfeffer abschmecken.

Vichy-Karotten
3 dicke Karotten
1 dicke Gemüsezwiebel
50 g Butter
2 EL Zucker
Salz, Pfeffer
125 ml Mineralwasser (Vichy-Wasser)
125 ml Brühe
1 Bd. Petersilie

Die Karotten schälen und der Länge nach (mit einem Ziseliermesser) einritzen und in feine Scheiben schneiden (evtl. mit der Brotmaschine). Die fein gewürfelte Zwiebel in der Butter angehen lassen, mit Zucker, Salz und Pfeffer würzen. Nach 2-3 Minuten die Karotten zugeben, mit Brühe und Mineralwasser aufgießen und ca. 15 Minuten kochen lassen. Zum Schluß die kleingeschnittene Petersilie zufügen. Die Fischmedaillons auf Tellern verteilen, mit der Sauce angießen und die Karotten daneben anrichten.

Zubereitungszeit: ca. 45 min

Tip: Man kann die Salbeiblätter auch als Beignets oder fritiert dazu servieren.

Als **Beignets** werden in Teig ausgebackene Zutaten (vgl. Seite 83) bezeichnet. Das können Obststücke, aber auch Kräuter, Gemüse oder Fisch und Fleisch sein. (Lassen Sie dann den Zucker weg und nehmen stattdessen 1 Prise Salz.)

Rotbarbenfilets mit roher Gänsestopfleber und Salat mit Cassis-Bier-Vinaigrette

(für 4 Personen)

12 kleine Rotbarbenfilets (ohne Gräten)
80 g rohe Gänse- oder Entenstopfleber
Olivenöl

Die Fischfilets nur auf der Hautseite in etwas Olivenöl anbraten, von der Herdstelle nehmen und ziehen lassen. Die Gänseleber ca. 20 Minuten vor Gebrauch ins Gefrierfach stellen, da sie sich durch das Anfrieren besser schneiden läßt. Man kann sie dann mit Hilfe eines warmen Messers oder eines Trüffelhobels in feine Scheiben schneiden.

Salat mit Cassis-Bier-Vinaigrette
200 g gemischten Blattsalat
75 ml Cassispüree
45 ml Bier
20 ml Rotweinwessig
80 ml (natives) Olivenöl
Salz, Pfeffer

Das Cassispüree mit Bier, Essig, Salz, Pfeffer mixen und während dessen langsam das Olivenöl einlaufen lassen. Diese Vinaigrette kann man auch einige Tage früher vorbereiten und sie im Kühlschrank aufbewahren. Vor dem Servieren sollte sie dann aber noch einmal kräftig gemixt werden. Den geputzten Salat mit der Vinaigrette anmachen und auf die Mitte eines jeden Tellers geben, die Rotbarben seitlich anlegen, die Gänseleber auf den Salat legen und mit frischem Pfeffer würzen.

Zubereitungszeit: ca. 30 min

Zander in Lavendel-Honig-Sud mit Gemüsefrühlingsrollen

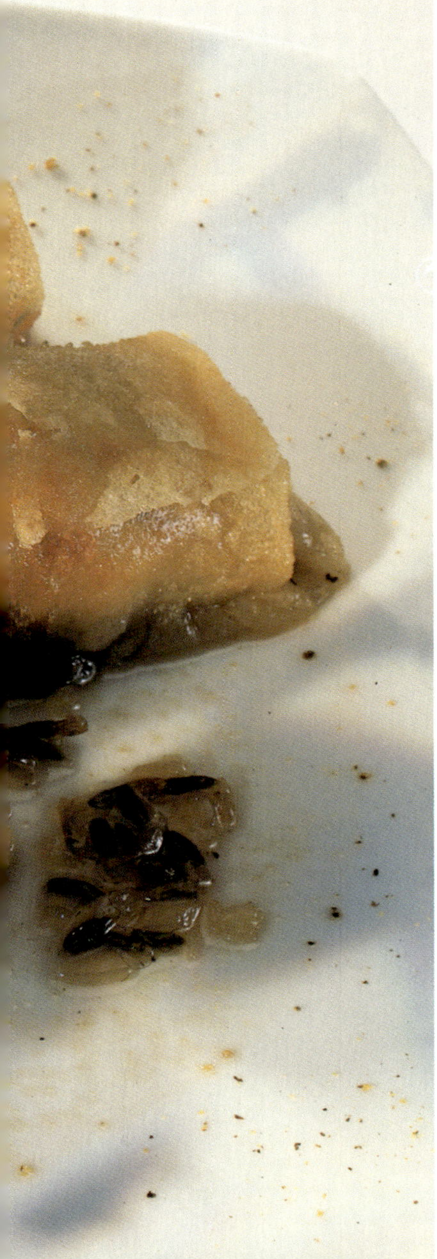

KOCHDUELL

(für 4 Personen)

4 Filets vom Zander
à 100 g
8 Schalotten
3 EL Olivenöl
1 Bd. Lavendelblüten
(frisch oder getrocknet)
1 kl. Glas Lavendel-
Blütenhonig
250 ml Weißwein
4 cl Noilly Prat
500 ml Fischfond
Salz, Pfeffer

Den Lavendel in 8 kleine Sträuße binden, die zur Dekoration dienen, 1 EL von den Blüten wird für den Sud benötigt: Die Schalotten fein würfeln und in etwas Olivenöl anschwitzen. 1 EL Lavendelblüten und den Honig dazugeben, mit Noilly Prat und Weißwein ablöschen, mit dem Fischfond etwas einkochen lassen (reduzieren) und mit Salz und Pfeffer würzen. Den Fisch in etwas Lavendelsud 5-7 Minuten pochieren.

Gemüsefrühlingsrollen

1 Pk. Frühlingsrollenteig
(TKK)
1 Karotte
1/2 Stange Lauch
1 kleiner Kohlrabi
1 Zucchini
30 g Butter
Salz, Pfeffer
Öl zum Fritieren

Die Karotte und den Kohlrabi schälen und in feine Streifen schneiden. Den Lauch und die Zucchini waschen und in Streifen schneiden. Das Gemüse in etwas Butter anschwitzen, mit Salz und Pfeffer würzen und auskühlen lassen. Dann auf dem Frühlingsrollenteig verteilen, einrollen und in tiefem Fett fritieren.
Die fertigen Frühlingsrollen kann man gut für 10 Minuten im Backofen bei 150 °C aufbewahren.
Das Gericht wird auf großen, tiefen und angewärmten Tellern angerichtet. Die Frühlingsröllchen mit in den Sud legen und mit den Lavendelsträußchen dekorieren.

Zubereitungszeit: ca. 50 min

Unter **Pochieren** versteht man in der Profi-Küche das Garziehen in heißer, nicht kochender Flüssigkeit.

Zander unter der Spekulatiushaube mit Rote-Bete-Kartoffeln

(für 4 Personen)

500 g Zanderfilet
12 EL Olivenöl
200 g Spekulatius
800 g Crème fraîche
4 Eigelb
8 Zwiebeln
12 Kartoffeln
2 Bd. frischer Rosmarin
Salz, Pfeffer, Zucker
2 Brühwürfel
6 EL Rotweinessig
1200 g Rote Bete

Die Zwiebeln und die Kartoffeln schälen und würfeln, dann in Olivenöl anbraten. Den gezupften Rosmarin dazugeben, mit Wasser auffüllen, so daß die Kartoffeln gut bedeckt sind. Die Brühwürfel, Salz, Pfeffer und etwas Zucker zufügen. Nach ca. 8 Minuten Köcheln die geschälten und in Würfel geschnittenen roten Bete mit etwas Rotweinessig zugeben und zusammen nochmals 5 Minuten garen.
Die Spekulatius zermahlen, mit Crème fraîche und dem Eigelb verrühren und den in Olivenöl angebratenen Zander damit bedecken. Im Backofen 8-10 Minuten bei 180 °C backen. Den Fisch mit der Spekulatiushaube nach oben auf dem Gemüse anrichten.

Zubereitungszeit: ca. 30 min

Zander in Kartoffel-Kräuter-Kruste auf Linsenspeck

(für 4 Personen)

4 Zanderfilets à 150 g
4 dicke Kartoffeln
Salz, Pfeffer, Muskatnuß, Cayennepfeffer
1 Bd. Petersilie
20 g Butter
4 EL Pflanzenöl

Die Kartoffeln schälen und grob reiben, mit Salz, Pfeffer, Muskat und gehackter Petersilie würzig abschmecken. Den Zander mit der Kartoffelmasse belegen und zunächst in Butter mit etwas Öl auf beiden Seiten anbraten, dann im Backofen bei 180 °C 6-7 Minuten backen.
Achtung: Den Fisch immer erst auf der Kartoffelseite anbraten.

Linsenspecksauce
50 g geräucherter Speck
1 Zwiebel
3 Knoblauchzehen
50 g Linsen (eingeweicht)
2 EL Balsamicoessig
200 ml Kalbs- oder Geflügelfond
15 cl Riesling (oder Merlot)
200 g Crème fraîche
60 g Butter
Kräuter der Provence
Salz, Pfeffer, Cayennepfeffer

Den gewürfelten Speck in der Pfanne angehen lassen, die gewürfelte Zwiebel zugeben und glasig dünsten. Den fein geschnittenen Knoblauch und die zuvor in Salzwasser 3 Minuten blanchierten Linsen zugeben. Mit Balsamicoessig ablöschen mit dem Fond und dem Wein auffüllen. Zum Kochen bringen, die Crème fraîche beigeben, nochmals aufkochen lassen und mit der Butter binden. Mit Kräutern der Provence, Salz und den Pfeffersorten abschmecken.

Den Fisch mit der Kartoffelkruste oben auf der Linsenspecksauce anrichten.

Zubereitungszeit: ca. 30 min

Karotten und Möhren

Im 14. Jahrhundert fand die aus Spanien und Sizilien kommende Möhre ihren Weg ins übrige Europa. Aber erst im 18. Jahrhundert war sie so salonfähig geworden, daß auch die Grande Cuisine sie für sich entdeckte.

Gebräunte Möhren mit Knoblauch

(für 4 Personen)

600 g junge Möhren
12 Knoblauchzehen
3 EL natives Olivenöl
Salz, Pfeffer
1 Thymianzweig, zerrieben
1 Rosmarinzweig, zerrieben

In einer Pfanne das Öl erhitzen, die in ca. 1 cm dicke Scheiben geschnittenen Möhren und halbierte Knoblauchzehen hinzufügen und bei niedriger Temperatur ca. 10 Minuten bräunen, gelegentlich durchrühren. Die Möhren salzen und pfeffern, dann die zerriebenen Blätter von Thymian und Rosmarin zufügen und weitere 10 Minuten bei schwacher Hitze garen.

Tip: Solche Möhren passen besonders gut zu Lamm und Kaninchen, aber auch zu Schweine- und Geflügelgerichten.

Zubereitungszeit: ca. 30 min

Glasierte junge Karotten

(für 4 Personen)

500 g Karotten mit Grün
25 g Butter
20 g Zucker
Salz, Pfeffer
125 ml Gemüse- oder Geflügelfond

Die Karotten putzen und schälen, so daß noch ein kleines Stück vom Grün stehen bleibt. Butter und Zucker, Salz und Pfeffer in einem Topf erhitzen. Die Karotten darin unter Wenden anschwitzen und den Fond aufgießen. Im offenen Topf kochen, bis die Flüssigkeit verdampft ist und das Gemüse eine glänzende Oberfläche hat.

Tip: Junge Karotten verfeinern vor allem Wild, z. B. Fasan, Wachtel oder Hase, aber auch Fisch wie Zander, Kabeljau oder Forelle.

Karottenflan

(für 4 Personen)

500 g Karotten
8 Eigelb
Salz, Pfeffer, Zucker
Butter

Die Karotten in Salzwasser kochen und pürieren. Das Karottenpürree mit den Eigelben verrühren, mit Salz, Pfeffer und etwas Zucker würzen. 4 Timbalförmchen (oder Soufflé-förmchen) mit Butter ausstreichen, mit der Karrottenmasse füllen und dann auf der Arbeitsplatte leicht aufschlagen, damit vorhandene Luftblasen entweichen. Die Timbalförmchen im Wasserbad im vorgeheizten Backofen bei 180 °C 20-25 Minuten garen. Die Förmchen stürzen und den Flan heiß servieren.

Tip: Flan paßt besonders gut zu Schmorgerichten oder gegrilltem Fisch. In die Karottenmasse kann man auch noch geröstete Walnüsse oder Mandeln einarbeiten.

Zubereitungszeit: ca. 40 min

Gambas auf Zucchini-Thymian-Plätzchen mit Estragon-Beurre-blanc

KOCHDUELL

(für 4 Personen)

20 Gambas (ohne Schale)
2 Zucchini
2 Eier
100 g Paniermehl
3 EL getrockneter Thymian
Salz, Pfeffer
4-5 EL Olivenöl
1 Schalotte
250 ml Weißwein
6 EL Sahne
150 g Butter
1 Bd. Estragon

Die Zucchini waschen und in 32 Scheiben schneiden (8 pro Person), einzeln durch die verrührten Eier ziehen und in dem mit Thymian vermengten Paniermehl wenden. Dann im Olivenöl goldbraun braten und zum Schluß mit Salz und Pfeffer würzen. Die Plätzchen nun auf einem Blech im Backofen bei 180 °C 5 Minuten backen.
Die Schalotte fein würfeln, mit Öl anschwitzen und mit Weißwein reduzieren, bis sich keine Flüssigkeit mehr im Topf befindet. Die Sahne zugeben, kurz aufkochen lassen, mit kalten Butterwürfeln aufmontieren (nicht mehr kochen!, vgl. Seite 33) und mit Salz und Pfeffer abschmecken. Zum Schluß den fein geschnittenen Estragon zugeben.
Die Gambas längs zu 3/4 aufschneiden, salzen und pfeffern, in Olivenöl anbraten und 3-4 Minuten fertig garen. Dabei biegen sich die Gambaseiten dekorativ auf. Zunächst die Sauce als Spiegel auf Teller verteilen, die Zucchinischeiben kreisförmig anordnen und die Gambas darauf plazieren.

Zubereitungszeit: ca. 40 min

Als **Blanchieren** bezeichnet man das kurzzeitige Eintauchen bzw. Garen in sprudelnd kochendem Wasser – ideal für Gemüse, das bißfest sein soll.

Langostinos im Lauchmantel mit Tomatenmarmelade

(für 2 Personen)

8 große Langostinos
1 Stange Lauch
Salz, Pfeffer
Olivenöl

Die Langostinos ausbrechen und den Darm entfernen. Den Lauch in einzelne Blätter zerlegen, waschen und in Salzwasser blanchieren, anschließend 2 Minuten ins Eiswasser legen. Den Lauch nun der Länge nach halbieren und die mit Salz und Pfeffer gewürzten Langostinos einzeln in die Lauchblätter einwickeln. In Olivenöl bei mittlerer Hitze 5-6 Minuten anbraten.

Tomatenmarmelade
250 g geschälte Tomaten
1 dicke Gemüsezwiebel
Olivenöl
3 Knoblauchzehen
Kräuter der Provence
Salz, Pfeffer,
Cayennepfeffer
Zucker
125 ml Rotwein
1 Bd. frische Kräuter (z. B. Thymian, Lorbeerblatt, Rosmarin)

Die Zwiebel würfeln und in Olivenöl glasig werden lassen, den fein gehackten Knoblauch, Kräuter der Provence, Salz, Pfeffer, Cayennepfeffer und Zucker dazugeben und mit anschwitzen. Mit dem Rotwein ablöschen und reduzieren. Die geschälten Tomaten dazugeben und bei schwacher Hitze mit dem frischen Kräuterstrauß ca. 1 Stunde köcheln lassen, zwischendurch umrühren. Die Marmelade sollte einen süß-scharfen Geschmack haben. Auf vorgewärmte Teller 5 kleine Marmeladehauben anrichten und die Langostinos in die Mitte legen.

Zubereitungszeit: ca. 1 Std. 30 min

Austernbeignets auf cremiertem warmen Kopfsalat

(für 4 Personen)

24 große Austern
1 Pk. Tempurateig
1 Ei
250 ml Weißwein
Mehl zum Wenden
2 EL Oliven- oder Sonnenblumenöl
2 gr. Kopfsalate
250 ml Sahne
1 EL Mondamin
Salz, Pfeffer, Muskat
1 Bd. frischer Estragon

Die Austern aus der Schale lösen, mit einem Pinsel und Wasser die Austern eventuell von Sand befreien oder kurz im stehenden Wasser leicht abwaschen. Der Austernsaft kann gefiltert zum Kopfsalat gegeben werden. Den Tempurateig mit einem Ei und Weißwein anrühren, die Austern in Mehl wenden (mehlieren), durch den Teig ziehen und im Öl fritieren.
Die Kopfsalate jeweils vierteln und den Strunk herausschneiden. Eine große Pfanne mit Öl aufsetzen und den Kopfsalat darin anbraten, bis er zusammengefallen ist. Den Salat herausnehmen und den Sud um die Hälfte reduzieren, mit Sahne aufgießen, mit dem angerührten Mondamin sämig abbinden. Nun den Kopfsalat wieder beigeben, mit Salz, Pfeffer und Muskat würzig abschmecken und zum Schluß den gehackten Estragon untermengen.

Die fritierten Austern auf dem Kopfsalat anrichten und mit frischen Estragonblättern dekorieren.

Tip: Man kann die Austernschalen auch säubern, mit etwas Kopfsalat und dem Austernfleisch füllen und dazu den restlichen cremierten, d. h. mit Sahne verfeinerten Salat reichen.

Zubereitungszeit: 35 min

Jakobsmuscheln im Filoteig

(für 2 Personen)

6 große Jakobsmuscheln
1 Pk. Filo- oder Strudelteig (TKK)
Salz, Pfeffer
1 Schale Patissons (Minikürbisse)
je 1 kl. Schale weiße und rote Weintrauben
1 Schale Pilzmischung
Olivenöl
Balsamicoessig
20 g Butter

Die Jakobsmuscheln vom Muskel befreien, mit Salz und Pfeffer würzen und jeweils zwei in ein mit Olivenöl bestrichenes Filoteigblatt wickeln. Die einpackten Muscheln auf ein gefettetes Backblech legen und im Ofen bei 200 °C 7-10 Minuten backen.
Die Patissons in Salzwasser blanchieren, abschrecken, den Deckel abschneiden und mit einem Pariser Löffel aushöhlen.
Die Weintrauben halbieren und entkernen, mit den geputzten und geschnittenen Pilzen in Olivenöl anbraten und mit Salz und Pfeffer würzen. Mit Balsamicoessig ablöschen und mit Butter verfeinern.
Die Patissons mit der Trauben-Pilz-Mischung füllen und auf dem Rand von flachen Tellern anrichten. Die Jakobsmuscheln in die Tellermitte setzen und die restliche Trauben-Pilz-Mischung darum verteilen.

Zubereitungszeit: ca. 30 min

Der **Pariser Löffel** dient eigentlich dazu, kleine kugelrunde Kartoffeln zu formen. Deshalb eignet er sich aber auch hervorragend zum Aushöhlen von Gemüse.

Würziger Blanc manger von der Auster mit Rote-Bete-Salat

(für 4 Personen)

24 große Austern
2 cl Noilly Prat
2 cl Sautern (Weißwein)
3 Blatt Gelatine
125 g Quark
Mark 1 Vanillestange
Salz, Pfeffer, Tabasco
125 g Sahne

Die Austern öffnen und in stehendem Wasser leicht abwaschen. Dann die Muscheln in Noilly Prat und Sautern 1 Minute leicht pochieren. Die Austern herausnehmen und die Gelatine in dem Sud auflösen. Für den Blanc manger den Quark mit dem Vanillemark, Salz, Pfeffer und Tabasco abschmecken, die ausgedrückte Gelatine zugeben und gut verühren. Die geschlagene Sahne leicht darunterheben und die Masse in Förmchen abfüllen, jeweils abwechselnd Quarkmasse und das aus den Schalen gelöste Austernfleisch. Die Förmchen dabei auf der Arbeitsplatte leicht aufschlagen, damit eventuell eingeschlossene Luft entweichen kann. Die Portionen sollten 24 Stunden im Kühlschrank stehen.

Rote-Bete-Salat
2 dicke rote Bete
2 Schalotten
6 EL Balsamicoessig
6 EL Olivenöl
1 EL Zucker
Salz, Pfeffer
1 Bd. Petersilie
Öl zum Fritieren

Die geschälten roten Bete in dünne Scheiben oder Würfel schneiden, die fein gewürfelten Schalotten darüber geben.
Eine Vinaigrette aus Balsamicoessig, Zucker, Salz, Pfeffer und Olivenöl herstellen und das Gemüse darin marinieren. Die Petersilienblätter in Öl fritieren, aber Vorsicht: durch den Wassergehalt der Blätter kommt es leicht zu heißen Fettspritzern.
Die Petersilie erst vor dem Servieren salzen. Den Austern-Blancmanger aus den Förmchen stürzen, auf dem Rote-Bete-Salat anrichten und mit den fritierten Petersilienblättern dekorieren.

Zubereitungsszeit: ca. 30 min (+ 24 Std. Kühlzeit)

Blanc manger ist eigentlich eine französische Süßspeise, die für dieses Rezept herzhaft abgewandelt wurde.

Austern in der Blütenhippe mit Sauternessauce

(für 4 Personen)

24 große Austern
2 Schalotten
150 ml Sauternes
(oder süßer Muskateller)
200 g Crème fraîche
40 g Butter
2 EL gehackte Kräuter
(Estragon, Dill, Petersilie)
Salz, Pfeffer
4 gr. Blätter Brick- oder
Frühlingsrollenteig (TKK)
2 EL weiße Sesamkörner
Olivenöl

Die Austern öffnen, den Sud durch ein Sieb passieren und die Austern leicht in stehendem Wasser waschen. Die fein gehackten Schalotten in etwas Öl anschwitzen, mit Sauternes ablöschen. Crème fraîche dazugeben, mit der Butter binden und zum Schluß mit den Kräutern, Salz und Pfeffer würzen und noch einmal leicht aufwallen lassen. Dann die Austern in die Sauce geben und ca. 4 Minuten ziehen lassen, aber nicht mehr kochen.
Für die Blütenhippen aus Teig benötigt man 4 Souffléförmchen oder Teetassen, die mit Öl ausgefettet werden. Die Teigblätter jeweils mit Öl einpinseln, den Sesam darüber verteilen und die Förmchen damit auskleiden. Im Backofen 5-6 Minuten bei 160-180 °C goldbraun backen, danach vorsichtig herausnehmen und auskühlen lassen. Die Austern samt Sauce auf die Blütenhippen verteilen und mit einer rohen Auster garnieren.

Tip: Dieses Gericht hat eine perfekte Optik und ist schnell zubereitet. Den Teig kann man statt salzig (mit Sesam) auch süß (z. B. mit Hagelzucker) zubereiten und dazu frisch marinierte Erdbeeren reichen.

Zubereitungszeit: ca. 40 min

Austern

Die Römer waren die ersten, die Austern züchteten, und zwar von der Adria bis hin zur südfranzösischen Küste. Doch mit dem Untergang des Römischen Reiches verschwanden auch die Austernkulturen. Danach wurden nur noch natürliche Austernbänke abgeerntet, die auch viele Jahrhunderte ausreichten. Als aber die Nachfrage allmählich stieg, machten sich kluge Köpfe daran, die alten römischen Methoden der Austernzucht wiederzubeleben: zuerst in der Bretagne, dann entlang der Küste zwischen Bordeaux und Arcachon und schließlich in der Normandie. Am seltensten und teuersten sind die sogenannten Belons, runde, flache Austern, die nach der Flußmündung benannt wurden, wo sie vor allem geerntet werden.
Austern werden in der Regel als Vorspeisen gereicht, und daraufhin sind auch meine Rezepte konzipiert. Doch aufgrund ihres hohen Eiweißgehalts kann man sie durchaus auch als Hauptgericht servieren.

Krebstiere

Krebstiere gehören zoologisch zu den Gliederfüßern (Arthropoden). Die Langusten, Flußkrebse, Langostinos und Garnelen sind alle sogenannte Langschwanzkrebse.Hier ein kleiner (Größen-)Überblick über die gängigen Vertreter in der Gourmet-Küche:

Hummer:
Der größte Küchenkrebs, mit langen Scheren. Berühmt sind vor allem die bretonischen Vertreter des tiefblauen europäischen Hummers.
Langusten:
Sind etwas kleiner und schlanker als Hummer, haben keine Scheren, aber lange Fühler.
Ecrevisses:
Fluß- oder Edelkrebse, sind kleiner als Langusten, tragen allerdings kräftige Scheren.
Langostinos:
„Mini-Langusten" werden auch Kaisergrant, Cigala oder Tiefseekrebs genannt.
Gambas:
Garnelen in unterschiedlichen Größen.
Crevetten:
Das Pulen der kleinen Krabben ist vor allem an der Nordseeküste beliebt.

Geflügelleber auf Schleifennudelsalat mit Paprikavinaigrette

KOCHDUELL

(für 4 Personen)

400 g Geflügel- oder Putenleber
200 g Schleifennudeln
1 Bd. Schnittlauch
1 rote, 1 grüne, 1 gelbe Paprika
Rotweinessig
Olivenöl
Salz, Pfeffer
2 EL Zucker

Die Schleifennudeln in Salzwasser mit einem Tropfen Öl al dente kochen. Deckel und Böden der Paprikaschoten abschneiden und für die Vinaigrette beiseite stellen. Die Schotenmitten halbieren, das Innenleben großzügig entfernen und feine Würfel (Brunoises) schneiden. Die Geflügelleber in einer nicht zu heißen Pfanne mit Olivenöl ca. 5 Minuten braten. Die Schleifennudeln mit den Paprikabrunoises und dem in 3 cm lange Stifte geschnittenen Schnittlauch vermengen, etwas Olivenöl für den Glanz beigeben.

Paprikavinaigrette

Die Enden der Paprikaschoten säubern und zur Hälfte mit Rotweinessig auffüllen, Zucker, Salz, Pfeffer zugeben und weichkochen (falls nötig, noch etwas Wasser zusetzen). Die Masse pürieren und mit der gleichen Menge Olivenöl hochziehen, d.h. während des Mixens das Olivenöl einfließen lassen. Falls Ihnen die Vinaigrette zu dickflüssig wird, können Sie nochmals etwas Essig oder Wasser zugeben. Die Geflügelleber auf dem Salat anrichten und die Vinaigrette dazu reichen.

Zubereitungszeit: ca. 40 min

Saltimbocca von der Hähnchenkeule

(für 4 Personen)

4 Hähnchenschenkel
Salz, Pfeffer
6 Scheiben Parmaschinken
2 Bd. Salbeiblätter
Olivenöl
Saft von 4 Zitronen
120 g Butter
1/2 Pk. Tempurateig
2 Eigelb

Die Hähnchenkeulen mit Salz und Pfeffer würzen und mit Salbei und Parmaschinken umwickeln. Kurz in Olivenöl anbraten und im Backofen bei 180 °C 20-25 Minuten garen. Den Zitronensaft mit kalter Butter aufmontieren (ohne zu kochen!) und mit Salz und Pfeffer würzen.
Den Tempurateig mit 125 ml Wasser und dem Eigelb anrühren, die restlichen Salbeiblätter durch den Teig ziehen und in heißem Fett ausbacken. Die fertigen Hähnchenkeulen mit den Salbeibeignets auf Teller legen und mit der Sauce umgeben.

Zubereitungszeit: ca. 35 min

Tip: Ein kräftiger Risotto (vgl. Seite 29) als Beilage paßt dazu am besten.

Tempurateig ist eine asiatische Spezialität zum Ausbacken von Früchten, Gemüse, Fisch, Geflügel oder Blüten und Kräutern. Das Trockenpulver (in jedem Asienshop erhältlich) muß nur noch mit Flüssigkeit angerührt werden. Solange man noch kein Ei zugegeben hat, kann man den Teig 2-3 Tage im Kühlschrank aufbewahren.

Stubenküken mit Gänseleber und karamelisierten Apfelstücken

(für 4 Personen)

2 Stubenküken
2 cl Portwein
80 g rohe Gänseleber
2 Schweinenetze
Salz, Pfeffer
Olivenöl
3 Äpfel
4 cl Calvados
100 g Zucker
20 g Butter
250 ml Apfelsaft
Saft von 1/2 Zitrone

Die Stubenküken von der Haut befreien und das Fleisch vom Knochen lösen, möglichst von der Brust ausgehend, so daß Brust und Keule zusammenhängen. Die Oberschenkelknochen herauslösen und das Fleisch mit Salz und Pfeffer würzen.
Die Gänseleber salzen und pfeffern und in Portwein marinieren. Die Leber in den Oberschenkel legen, mit der Kükenbrust bedecken und in die gewässerten, ausgedrückten Schweinenetze einwickeln. Das Geflügel in der Pfanne mit etwas Olivenöl auf der Brustseite kurz anbraten, dann wenden und auf der Keulenseite im Backofen bei 180 °C 15 Minuten weitergaren.
Die Äpfel schälen, achteln und entkernen. Den Zucker im Topf mit der Butter goldgelb schmelzen, die Apfelstücke zugeben, mit Calvados ablöschen. Mit dem Apfelsaft köcheln lassen, bis der Zucker vollständig aufgelöst ist, dann mit dem Zitronensaft, Salz und Pfeffer würzen.

Zubereitungszeit: ca. 50 min

Tip: Dazu sollten Sie frische Nudeln oder Risotto (vgl. Seite 29) servieren.

Wachtel in Frühlingsrollenteig mit Kräutersalat

(für 4 Personen)

6 große Wachteln
1 Pk. Frühlingsrollen- oder Brickteig (TKK)
Olivenöl
Salz, Pfeffer

Das Wachtelfleisch mit einem scharfen Messer von den Knochen lösen, mit Salz und Pfeffer würzen und in den Teig einschlagen. Zunächst in Öl kurz anbraten, dann im Backofen bei 150 °C weitere 10 Minuten ziehen lassen.

Kräutersalat

1/2 Bd. Estragon
1/2 Bd. Basilikum
1/2 Bd. Kerbel
1/2 Bd. Petersilie
1/2 Bd. Pfefferminze
Salz, Pfeffer
8 EL Balsamicoessig
4 EL Olivenöl

Die frischen Kräuter zupfen, waschen, vermischen und trockenschleudern. Aus Essig, Öl, Salz und Pfeffer eine Marinade anrühren und den Kräutersalat damit anrichten. Wichtig ist vor allem die Kombination von Estragon, Minze und Petersilie. Die Blattkräuter können Sie in beliebiger Menge hinzugeben. Zubereitungsalternative: Die frischen Kräuter in heißem Öl fritieren, statt zu marinieren.

Tip: Dazu paßt hervorragend ein leichtes Kohlrabigemüse:
2 große Kohlrabi
500 ml Sahne
Salz, Pfeffer, Muskat

Die Kohlrabi schälen und in Stifte schneiden, in Salzwasser 6-7 Minuten kochen. Die Sahne erhitzen und um etwa die Hälfte reduzieren, mit Salz, Pfeffer und Muskat würzen. Dann die Kohlrabistifte zugeben und weitere 5 Minuten köcheln lassen. Etwas vom Kräutersalat abnehmen, fein hacken und untermengen. Alternative: Karottengemüse (vgl. Seite 42) oder mit Sahne verfeinerter Wirsing.
Die Wachtelhälften auf dem Gemüse anrichten und den Salat darum verteilen.

Zubereitungszeit: ca. 50 min

KOCHDUELL

Entenbrust auf Waldpilzragout mit Pommes frites

(für 4 Personen)

4 dicke Kartoffeln
4 Stk. Entenbrust à 180 g
Olivenöl
1 kg gemischte Waldpilze
3 große Zwiebeln
50 g Butter
100 g Zucker
1 l kräftigen Rotwein
500 ml Entenfond
Salz, Pfeffer, Chilipulver
1 Bd. Petersilie
Mondamin

Die Zwiebeln würfeln und in der Butter anschwitzen. Die Pilze waschen, putzen und in Scheiben schneiden. Zunächst die Pilze separat in wenig Öl anbraten und dann zu den Zwiebeln geben. Mit Salz, Pfeffer und Zucker würzen, mit Rotwein auffüllen und so lange kochen lassen, bis fast keine Flüssigkeit mehr vorhanden ist. Die Mischung mit Entenfond auffüllen, auf etwas mehr als die Hälfte reduzieren und evtl. mit angerührtem Mondamin binden, dann die gehackte Petersilie zugeben. Mit etwas Chilipulver pikant verfeinern. Das Entenfleisch einschneiden, die Fettseite mit Salz und Pfeffer würzen, dann von beiden Seiten in etwas Öl knusprig anbraten und im Backofen bei 150 °C noch 8-10 Minuten ziehen lassen.

Pommes frites

4 dicke Kartoffeln schälen, in Stifte schneiden und in Öl zweimal fritieren. Zum Schluß salzen und mit der Entenbrust anrichten.

Zubereitungszeit: ca. 50 min

Tip: Das Waldpilzragout, das auch wunderbar zu Wild oder Kalb paßt, läßt sich einige Tage im Kühlschrank aufbewahren.

Entenbrust mit Haselnußpüree auf Friséesalat

(für 4 Personen)

4 Stk. Entenbrust à 160 g
6 dicke Kartoffeln
50 g Butter
125 ml Milch
100 g Haselnußmehl
100 g Zucker
50 g frische, grob gehackte Haselnüsse
250 ml Entenfond
30 g Butter
Salz, Pfeffer
1 Friséesalat
8 EL Balsamicoessig
4 EL Olivenöl

Das Entenfleisch von der Fettseite einschneiden, mit Salz und Pfeffer würzen. Von beiden Seiten in Olivenöl anbraten, aus der Pfanne nehmen und mit der Fettseite nach unten auf ein Backblech legen. Die Kartoffeln schälen, kochen und abgießen. Dann stampfen, mit Salz und Pfeffer würzen und mit Butter und Milch zu Püree verarbeiten. Dieses dann mit dem gerösteten Haselnußmehl vermengen und mit einem Spritzbeutel mit Sterntülle auf der Entenbrust verteilen (dressieren). 8-10 Minuten im Backofen bei 150 °C backen.
Den Friséesalat putzen, waschen und mit Essig, Öl, Salz und Pfeffer marinieren. Den Zucker goldbraun schmelzen lassen, die Haselnüsse zugeben und mit einem Schuß Balsamicoessig ablöschen. Mit Entenfond auffüllen und reduzieren lassen, mit Butter abbinden und mit Salz und Pfeffer abschmecken. Den Friséesalat mittig anrichten, die Sauce leicht darüber geben und in dieses Nest die Entenbrust setzen.

Zubereitungszeit: ca. 40 min

Entenbrust in pikanter Schokoladensauce

(für 2 Personen)

300 g Entenbrust
100 g Kuvertüre
4 Mandarinen
2 Stangen Lauch
120 g Zucker
250 ml Rotwein
4 EL Balsamicoessig
Salz, Pfeffer
Chilipulver, Curry, Paprika
Rosmarin

Die Entenbrust einschneiden, mit Salz und Pfeffer würzen, kurz anbraten und im Backofen 8-10 Minuten bei 150 °C ziehen lassen. Den Zucker karamelisieren, die geschälten Mandarinenstücke dazugeben und mit etwas Rotwein ablöschen. Den gewaschenen und fein geschnittenen Lauch zufügen, mit Salz und Pfeffer abschmecken und ca. 5 Minuten sautieren. Für die Sauce die Kuvertüre schmelzen, mit Rotwein und Balsamicoessig, Chili, Curry, Paprika, Rosmarin, Salz und Pfeffer abschmecken und weitere 2-3 Minuten kochen lassen, so daß sich alle Geschmacksstoffe gut entfalten können.

Zubereitungszeit: ca. 30 min

Tip: Dazu könnte man Rösti, Reibekuchen oder frische Polenta reichen.

Sautieren bedeutet das Garschwenken mit wenig heißem Fett in einer Pfanne oder einem Stieltopf.

Putenschnitzel mit Kartoffel-Stollen-Deckel

(für 2 Personen)

180 g Putenbrust
Olivenöl
1 dicke Scheibe Stollen
1 dicke Kartoffel
1 Ei
1 kl. Broccoli
1 kl. reife Mango
20 g Butter
3 EL Himbeermarmelade
125 ml Sahne
Salz, Pfeffer

Die Kartoffel schälen und fein reiben, das Ei dazugeben und mit feinen Stollenbröseln vermengen, mit Salz und Pfeffer abschmecken. Die Putenbrust längs halbieren und leicht klopfen (plattieren), mit Salz und Pfeffer würzen, auf einer Seite mit der Kartoffelmasse belegen und zuerst auf dieser Seite, dann auf der anderen kurz in Olivenöl anbraten. Schließlich im Backofen bei 180 °C für ca. 10 Minuten zu Ende garen.
Den Broccoli in Röschen zupfen und in heißem Wasser blanchieren. Die Mango schälen und in Würfel schneiden. Die Broccoliröschen mit den Mangowürfeln in etwas Butter angehen lassen. Für die Sauce die Marmelade mit der Sahne leicht reduzieren und mit Salz und Pfeffer abschmecken. Die Sauce als Spiegel auf den Tellern anrichten, das Fleisch darauflegen und das Gemüse mit Mango darum verteilen.

Zubereitungszeit: ca. 30 min

Perlhuhnbrust auf Orangencouscous mit Minze und Orangensauce

(für 4 Personen)

4 Stk. Perlhuhnbrust
à 130 g
250 g Couscous
500 ml Orangensaft
Olivenöl
20 g Butter
2 Orangen
Salz, Pfeffer
1 Bd. Pfefferminze
Öl zum Fritieren

500 ml Orangensaft für den Couscous mit 1 EL Olivenöl, der Butter, Salz und Pfeffer zum Kochen bringen. Den Couscous in eine Schüssel geben, den heißen Orangensaft dazugeben, vermengen und 5-8 Minuten quellen lassen. Die Orangen schälen und die Filets sowie 1/2 Bd. fein geschnittene Minzeblätter zugeben. Die Perlhuhnbrust in der Pfanne mit Olivenöl kurz anbraten und abgedeckt bei niedriger Hitze 8-10 Minuten garziehen lassen; zwischendurch wenden. Die restlichen Minzeblätter in Öl fritieren und kurz vor dem Anrichten salzen.

Orangensauce

250 ml Orangensaft
120 g Butter
1 EL Honig
Saft von 1/2 Zitrone
Salz, Pfeffer

KOCHDUELL

250 ml Orangensaft für die Sauce erhitzen, um mehr als 1/8 reduzieren und mit kalter Butter aufmontieren (vgl. Seite 33). Mit 1 EL Honig, Salz, Pfeffer und dem Zitronensaft abschmecken.

Die Perlhuhnbrust auf dem Couscous anrichten, mit Sauce nappieren (übergießen) und mit den fritierten Minzeblättern dekorieren.

Zubereitungszeit: ca. 30 min

(für 4 Personen)

Frühlingsrollen
4 Stk. Perlhuhnbrust
à 130 g
250 g Frühlingsrollenteig
(TKK)
Salz, Pfeffer
Öl zum Fritieren

Die Perlhuhnbrust in kleine Stücke teilen, mit Pfeffer und Salz würzen. Jeweils ein Blatt Frühlingsrollenteig um ein Fleischstück rollen und mit dem offenen Ende nach unten auf ein Blech legen. Das Öl in einem Topf erhitzen und die Röllchen darin nach und nach fritieren. Die fertigen Frühlingsrollen noch für 5 Minuten im Backofen bei 180 °C backen.

Frühlingsrollen vom Perlhuhn mit pikantem Honig

Pikanter Honig
1 Glas flüssiger Honig
1 TL Curry
1 TL Paprikapulver
1 TL Cayennepfeffer
1 TL Zimt
1 TL Kräuter der Provence
1/2 TL Kümmel
geriebene Schale von
1 Zitrone und 1 Orange

Die Gewürze und Kräuter mit dem Honig vermischen und langsam erhitzen. 1-2 Minuten kochen lassen und zu den Frühlingsrollen reichen.

Zubereitungszeit: ca. 20 min

Tip: Immer etwas frische Minze dazu reichen und als Beilage grünen Salat. Tiefgekühlter Fertigteig, Frühlingsrollenteig wie der französische Brickteig oder Strudelteig wie der griechische Filoteig sollte stets langsam, ohne zusätzliche Hitze aufgetaut werden.

Straußensteak mit Pommes frites in Cranberriesauce

(für 2 Personen)

200 g Straußensteak
2 Kartoffeln
Öl zum Fritieren
6 Patissons (Minikürbisse)
1 Schale Cranberries
60 g Zucker
125 ml Rotwein
Rotweinessig
Salz, Pfeffer

Das Geflügel mit Salz und Pfeffer würzen, kurz in heißem Öl anbraten und im Ofen bei 180 °C noch 10 Minuten garen.
Die geschälten Kartoffeln in Stifte schneiden, zweimal in tiefem Fett ausbacken und salzen. Die Minikürbisse halbieren, in Salzwasser blanchieren, abschrecken und mit einem Pariser Löffel (vgl. Seite 48) aushöhlen.
Den Zucker karamelisieren, die gewaschenen Cranberries dazugeben, mit Rotwein und Rotweinessig ablöschen und mit Salz und Pfeffer würzen. Die Sauce sollte 5-8 Minuten kochen.
Die Patissons mit den karamelisierten Preiselbeeren füllen und alles auf flachen Tellern anrichten.

Tip: Als Fleischalternative bieten sich auch Entenbrust, Fasan, Hirschrücken (ca. 12 min garen) oder Hasenkeule (ca. 22 min garen) an. Dazu passen auch Kartoffelgratin, Bandnudeln oder ein Rotweinrisotto (vgl. Seite 29).

Zubereitungszeit: ca. 30 min

Cranberries sind nordamerikanische Preiselbeeren, die allerdings nur im stehenden Wasser wachsen.

Rillettes

Ursprünglich wurden Rillettes immer dann zubereitet, wenn ein Schwein geschlachtet und sein Fleisch haltbar gemacht wurde. Einen Teil dieses Fleisches garte man ausgiebig in Schmalz, um eine cremige Pastete, die Rillette, herzustellen. Diese Rezeptur hat man heute etwas abgewandelt, indem man nicht nur geräuchertes Schweinefleisch, sondern auch Räucherlachs oder alle Arten von geräuchertem Geflügel oder Wild benutzt.

Das Grundrezept

10 g gemahlene Gelatine
90 ml Sahne
500 g Räucherfisch, Geflügel oder Wild
Saft von einer Zitrone
3-4 Pr. Cayennepfeffer
4 EL Kräuter
2 EL natives Olivenöl

Die Gelatine mit 2 EL Sahne in einem Topf erhitzen (nicht kochen!), bis sie sich aufgelöst hat, dann von der Kochstelle nehmen, die restliche Sahne unterrühren und abkühlen lassen.
Die Hälfte vom Fisch oder Fleisch in Stücke schneiden, mit der abgekühlten Sahne in der Küchenmaschine mixen, den Zitronensaft, Cayennepfeffer und gehackte Kräuter zugeben und nochmals mixen. Das restliche Fleisch grob hacken, mit Olivenöl und etwas Zitronensaft mischen und mit der gemixten Masse in einer Terrinenform vermengen, für etwa 1 Tag in den Kühlschrank stellen.

Tip: Rillettes sind eine ganz besondere Beilage zu einer deftigen Brotzeit, Bratkartoffeln, Salaten oder als Croûtons auf einer herzhaften Suppe.

Zubereitungszeit: ca. 20 min (+ 24 Std. Kühlzeit)

KOCHDUELL

Blutwurst im Blätterteigmantel

(für 4 Personen)

4 Stk. Blutwurst à 80 g (ohne Haut)
4 Scheiben Blätterteig (TKK)
1 Ei, Mehl

Den mehlierten und ausgerollten Blätterteig mit der Blutwurst belegen (1 Stück Teig pro Stück Wurst), die Seiten mit geschlagenem Ei bestreichen und aufrollen. Den Teigmantel auch außen mit Ei bestreichen und im Backofen bei 220 °C 17-20 Minuten garen.

Zubereitungszeit: ca. 30 min

Tip: Dazu einen schönen frischen gemischten Salat und herzhaftes Brot reichen.

Kartoffel-Blutwurst-Puffer Kölner Art

(für 2 Personen)

6 dicke Scheiben Blutwurst
2 dicke Kartoffeln
1 Ei
Salz, Pfeffer
Pflanzenöl
125 ml Zuckerrübenkraut
Balsamicoessig
1/2 TL Curry
2 EL gehackte Petersilie

Die Kartoffeln schälen, reiben und mit Ei, Salz und Pfeffer vermengen. Die Kartoffelmasse sofort weiterverarbeiten, da sie sonst dunkel anläuft. In einer großen Pfanne Öl erhitzen und 6 kleine Kartoffelpuffer hineinsetzen, darauf jeweils ein Stück Blutwurst legen. Die Puffer von beiden Seiten anbraten und im Backofen bei 180 °C ca. 10 Minuten ziehen lassen.
Das Rübenkraut mit Balsamicoessig und Curry mischen und als Soßenspiegel auf Teller verteilen. Die fertigen Puffer auf den Saucenspiegel setzen und mit gehackter Petersilie bestreuen.

Zubereitungszeit: ca. 30 min

Tip: Dazu sollte man natürlich ein frisches Kölsch servieren.

Milchferkelstrudel in Senf-Bier-Sauce

(für 4 Personen)

500 g Milchferkelkeule (ohne Knochen)
4 Strudelteigblätter (TKK)
Salz, Pfeffer
1 Bd. Petersilie
flüssige Butter zum Bestreichen
Pflanzenöl

Das Milchferkelfleisch in Würfel schneiden, mit Salz, Pfeffer und grob gehackter Petersilie würzen und 15 Minuten ziehen lassen. Die Strudelblätter mit Butter bestreichen, das Fleisch darauf verteilen und den Teig einschlagen und aufrollen. Den Strudel in der Pfanne mit wenig Öl anbraten und im Ofen bei 180 °C ca. 15 Minuten weitergaren (nach ca. 8 Minuten den Strudel wenden).

Senf-Bier-Sauce
1 Zwiebel in Würfel
3 EL Dijonsenf
1 Flasche Malzbier
Mondamin
20 g Butter

Die gewürfelte Zwiebel in Butter glasig anschwitzen, den Senf dazugeben und angehen lassen. Dann mit Bier auffüllen und auf die Hälfte reduzieren, evtl. mit etwas angerührtem Mondamin binden. Die Strudelscheiben auf dem Saucenspiegel anrichten.

Zubereitungszeit: ca. 40 min

Tip: Als Beilage dazu paßt am besten Wirsing, Sauerkraut oder Schwarzwurzel. Anstelle von Milchferkel kann man auch Jungschwein oder Kaninchenkeule verwenden.

Kaninchenkeule mit Lachsfüllung und Kartoffeln in Kräutersahne

(für 4 Personen)

4 Kaninchenkeulen
160 g frischer Lachs
Olivenöl
6 dicke Kartoffeln
1 Gemüsezwiebel
250 ml Sahne
1 TL Essigessenz
Salz, Pfeffer,
2 EL Zucker
1 Pk. Kräutermischung
(TKK, z. B. Estragon,
Minze, Kerbel, Petersilie,
Dill, Basilikum)
frische Kräuter
zum Garnieren

Damit sich die Keulen gut füllen lassen, muß man den Oberschenkelknochen mit einem scharfen Messer herauslösen. Den Lachs in längliche Stücke (Tranchen) schneiden, mit Salz und Pfeffer würzen, in die Kaninchenkeulen stecken und diese mit ein oder zwei Zahnstochern verschließen. Die Keulen in Öl (nicht zu heiß) anbraten und im Ofen bei 180-200 °C ca. 15 Minuten garen; zwischendurch wenden. Die Kartoffeln schälen, der Länge nach vierteln und in Salzwasser nicht zu weich kochen. Die Sahne mit der fein gewürfelten Zwiebel, Zucker, Salz, Pfeffer und (maximal 1 TL) Essigessenz würzen. Alles gut verrühren, bis die Sahne dickflüssig wird, dann die Kräuter zugeben. Die gekochten Kartoffeln abschütten und mit der Kräutersahne ca. 5 Minuten leicht köcheln lassen. Die Kaninchenkeule halbieren und mit den Kartoffeln servieren, mit frischen Kräutern garnieren.

Zubereitungszeit: ca. 50 min

Tip: Ich verwende auch gerne Obst zum Füllen der Kaninchenkeulen, z. B. Apfelstücke oder Backpflaumen mit Rosmarin. Wenn Sie von den Kartoffeln und der Sahnesauce die doppelte Menge zubereiten, können Sie den Rest im Kühlschrank aufbewahren, um am nächsten Tag einen fantastischen Kartoffelsalat zu genießen.

Kalbssteak mit Himbeer-Essig-Sauce

(für 2 Personen)

2 Kalbssteaks à 120 g
Olivenöl
4 Kartoffeln
100 g Himbeeren TKK
125 ml Rotweinessig
100 g Zucker
Salz, Pfeffer, Chilipulver
1 EL Pfefferminze
1 EL Petersilie

Das Kalbssteak kreuzweise einritzen, mit Salz und Pfeffer würzen, in Olivenöl anbraten und im Backofen bei 150 °C ca. 10 Minuten ziehen lassen. Den Essig mit dem Zucker aufsetzen und 5 Minuten kochen lassen, mit Salz, Pfeffer und Chili würzen, die Himbeeren dazugeben. Die Sauce einkochen lassen und zum Schluß gehackte Minze und Petersilie beigeben. Mit einem Spiralmesser aus den Kartoffeln Spiralen drehen und diese in heißem Öl fritieren (am besten zweimal, damit sie richtig gar werden). Das Fleisch mit Sauce nappieren und die Kartoffelspiralen auf dem Fleisch anrichten.

Zubereitungszeit: ca. 35 min

Gefüllte Artischocken auf Sauerkraut

(für 4 Personen)

4 Artischocken
1/2 Zitrone
8 dünne frische Speckscheiben
30 g Butter
250 g Sauerkraut
1/2 l trockener Weißwein
4 EL Zucker
2 Lorbeerblätter

Füllung
250 g Hackfleisch (vom Rind und Kalb)
250 g weiße Champignons
1 Zwiebel in Würfel
200 g Crème fraîche
1 Bd. Petersilie
1 EL Pfefferminze
Salz, Pfeffer, Cayennepfeffer, Curry
Honig

Die Artischocken vorbereiten: Die zähen äußeren Blätter abschneiden und die Spitzen aller Blätter mit einem Messer entfernen. Die Schnittstellen mit einer 1/2 Zitrone abreiben, damit sie sich nicht verfärben. Die Artischocken ca. 15 Minuten in Salzwasser kochen, dann die inneren haarigen Blütenkelche mit einem Eßlöffel entfernen.

Zubereitungszeit: insgesamt ca. 2 Std. 30 min

Das Gehackte mit gewürfelter Zwiebel, den fein geschnittenen Champignons, Crème fraîche, Petersilie und Minze vermengen, mit Salz, Pfeffer, Cayennepfeffer, Curry und etwas Honig abschmecken. Die Artischocken mit dem Hackfleisch füllen, mit dem Speck umkleiden und mit einem Bindfaden umwickeln. In eine feuerfeste Form oder Kasserolle das Sauerkraut mit den Lorbeerblättern, Zucker, Weißwein und Butter geben, die Artischocken darauf setzen und mit Deckel ca. 1,5-2 Stunden bei mäßiger Hitze dünsten, evtl. nach und nach noch etwas Wasser zugeben. Die Fäden und den Speck entfernen und schließlich die Artischocken auf dem Sauerkraut servieren.

Schweinemedaillons auf Birne

KOCHDUELL

(für 2 Personen)

2 Stk. Schweinefilet
à 100 g (Mittelstück)
1 Birne
1-2 Stiele Rosmarin
Olivenöl
Salz, Pfeffer, Curry,
Paprika, Chilipulver
1 Stange Lauch
30 g Butter
3 EL Hagebuttenmarmelade
125 ml Sahne

Das Schweinefilet in 4 Stücke schneiden, mit Salz und Pfeffer würzen und in Olivenöl anbraten. Die geschälte Birne in Spalten schneiden, mit dem gezupften Rosmarin dazugeben und bei geschlossenem Deckel ca. 5 Minuten ziehen lassen. Den gewaschenen Lauch in dünne Scheiben schneiden, im Topf mit etwas Butter angehen lassen, salzen und pfeffern.
Für die Sauce die Marmelade mit der Sahne einkochen und mit Curry, Paprika, Chili, Salz und Pfeffer abschmecken. Das Fleisch auf dem Lauchgemüse anrichten, evtl. mit Birnenspalten garnieren und die Sauce außen herum verteilen.

Zubereitungszeit: ca. 20 min

Tip: Dazu passen am besten kleine Reibekuchen oder Crèpes (vgl. Seite 26 bzw. 34).

Rinderfilet in Schnittlauch-Joghurt-Sauce mit Blüten

(pro Person)

180 g Rinderfilet
1 Bd. Schnittlauch mit Blüten
1 Schale Pilzmischung
20 g Butter
1 Rucolasalat
Öl zum Fritieren
200 g Joghurt
Salz, Pfeffer

Das Rinderfilet würzen, in Öl anbraten und 10 Minuten im Backofen bei 180 °C garen. Die geputzten und geschnittenen Pilze in Butter anschwitzen, mit Salz und Pfeffer würzen und zum Schluß etwas geschnittenen Schnittlauch zugeben. Den Rucolasalat vom Stiel befreien und die obere Hälfte in Öl fritieren (erst kurz vorm Servieren salzen). Für die Sauce den Joghurt salzen und pfeffern, den restlichen fein geschnittenen Schnittlauch ohne Blüten zugeben. Das Rinderfilet auf den Pilzen anrichten, die Joghurtsauce darum und auf dem Rinderfilet verteilen. Den fritierten Rucola auf das Filet legen und mit den Schnittlauchblüten den Tellerrand verzieren.

Zubereitungszeit: ca. 30 min

Tip: Dazu könnte man Kartoffel- oder Selleriechips reichen. Statt des Rinderfilets kann man natürlich auch Kalbs- oder Schweinefilet verwenden.

Lammrücken mit Zucchini-Tomaten-Auflauf und Pesto

(für 4 Personen)

4 Lammrückenstränge à 120 g
90 ml Olivenöl
2 Zwiebeln
je 1 rote und grüne Paprika
1 Aubergine
1 Knoblauchzehe
1 kg kleine Zucchini
1 kg Tomaten
1 EL Kräuter der Provence
Salz, Pfeffer
50 g Brotkrumen

Olivenöl in einer großen Pfanne erhitzen, die in Ringe geschnittenen Zwiebeln darin leicht anbräunen und dann die Paprika in Streifen, Auberginen in dünnen Scheiben und gehackten Knoblauch zugeben. Mit Salz und Pfeffer würzen und langsam ca. 5 Minuten schmoren. Das Gemüse dann in eine feuerfeste Form füllen und die in Scheiben geschnittenen Zucchini und Tomaten in überlappenden Reihen darauf verteilen. Mit den Kräutern der Provence bestreuen, mit Salz und Pfeffer würzen und mit Olivenöl besprenkeln. Den Auflauf ca. 30 Minuten im vorgeheizten Backofen bei 180 °C überbacken. Danach die Form aus dem Ofen nehmen, die Brotkrumen darauf verteilen und nochmals etwas Olivenöl darüberträufeln und weitere 10 Minuten backen. Zuletzt die von Sehnen und Fett befreiten (parierten) Lammrückenstränge mit Salz und Pfeffer würzen, in Öl anbraten und weitere 4-5 Minuten neben dem Auflauf im Backofen durchziehen lassen.

Pesto
100 g frische Basilikumblätter
3 Knoblauchzehen
50 g Pinienkerne
60 g frischer Parmesan
100 ml natives Olivenöl
Salz, Pfeffer

Die Basilikumblätter, Knoblauch, Pinienkerne, geriebenen Parmesan, Olivenöl, etwas Salz und Pfeffer rund 2 Minuten mixen, bis ein Püree entstanden ist.
Man kann Pesto auch in größeren Mengen vorbereiten und in kleinen Portionen einfrieren, damit man immer etwas zur Hand hat.

Zubereitungszeit: ca. 1 Std.

Weiße Schokoladensuppe mit Pflaumenbeignets

KOCHDUELL

(für 2 Personen)

1 Tafel weiße Schokolade
250 ml Sahne
1/2 Glas eingeweckte Pflaumen
6 EL Mehl
2 EL Zucker
1 Ei
5 EL Milch
Öl zum Fritieren
Minzeblättchen zum Garnieren

Die weiße Schokolade mit der Sahne im Wasserbad zum Schmelzen bringen. Die Pflaumen abtropfen lassen. Aus dem Mehl, Zucker, Ei und der Milch einen Teig rühren. Die Pflaumen durch diesen Teig ziehen und in Öl fritieren. Die Schokoladensuppe in tiefen Tellern anrichten und die Pflaumenbeignets dazu reichen.

Zubereitungszeit: ca. 20 min

Tip: Statt eingeweckter Pflaumen eignen sich auch gut Trockenpflaumen.

Birne im Schlafrock mit Macadamiajoghurt

(pro Person)

1 kleine Birne
6 EL Mehl
1 Msp. Backpulver
2 EL Zucker
1 Ei
5 EL Milch
Öl zum Fritieren
200 g Joghurt
50 g Macadamia-Nüsse
3 EL Honig
1 Zweig Pfefferminze
Puderzucker

Für den Schlafrockteig Mehl, Zucker, Backpulver, Ei und Milch zu einem glatten Teig verrühren. Die Birne vom Bauch her entkernen, damit die Spitze ganz bleibt. Die Birne im Teig wenden und goldgelb fritieren; diesen Vorgang 4-5mal wiederholen und schließlich auf Küchenpapier abtropfen lassen. Den Joghurt mit Honig und zerstoßenen Macadamia-Nüssen verrühren und mit feingeschnittener Pfefferminze würzen. Die Birne halbieren, damit man die schöne Teigumrandung sieht, auf den Teller mit dem angerührten Joghurt setzen, mit etwas Puderzucker bestreuen und mit Minzblättern ausdekorieren.

Zubereitungszeit: ca. 20 min

(für 2 Personen)

1 Pk. Wan-Tan-Teig (TKK)
1 Glas Schattenmorellen
250 g Quark
3 EL Zucker
6 EL Milch
Mondamin

Quarklasagne aus Wan-Tan-Teig

Den Wan-Tan-Teig kurz im gesüßten und mit einigen Tropfen Öl versehenen Wasser 1 Minute blanchieren, dann sofort ins Eiswasser geben.
Den Quark mit der Milch und dem Zucker anrühren.
Die Schattenmorellen erhitzen und mit angerührtem Mondamin binden.
Eine Backform ausbuttern, den Teig, den Quark und die Kirschen wie für eine Lasagne einschichten, mit einer Lage Kirschen abschließen. Die Form im Backofen bei 180 °C 10-15 Minuten überbacken. Die Lasagne heiß servieren.

Zubereitungszeit: ca. 25 min

Tip: Vanillesauce oder Vanilleeis dazu reichen.

Wan-Tan-Teig ist ein asiatischer Teig, der sich besonders gut für Gemüselasagne eignet. Wie alle Tiefkühl-Teige sollte auch er langsam auftauen (vgl. Seite 66).

Süße Polenta auf Mangoscheiben

KOCHDUELL

(für 2 Personen)

30 g Polenta
250 ml Milch
3 EL Zucker
10 g Butter
1 reife Mango
3 EL Hagebutten- oder
Kirschmarmelade
125 ml Sahne
Minze oder Zitronenmelisse
Puderzucker

Einen Topf mit Milch, Zucker und Butter zum Kochen bringen und die Polenta unter kräftigem Rühren einrieseln lassen. Die Mischung gut 5 Minuten unter Rühren leicht köcheln lassen. Förmchen ausbuttern, die Polenta einfüllen und ca. 1 Stunde in den Kühlschrank stellen. Alternative: Sie können die Polenta auch in ein großes Ausstechförmchen füllen, im Kühlschrank auskühlen lassen, dann aus dem Förmchen herausdrücken und auf den Teller legen (siehe Foto).
Die Mango schälen, in Scheiben schneiden und sternförmig auf großen Tellern auslegen. Die Marmelade mit Sahne erhitzen, etwas einkochen und anschließend über die Mangoscheiben geben. Die Polenta aus dem Förmchen stürzen und in der Mitte der Teller anrichten. Mit Puderzucker und Minze dekorieren.

Zubereitungszeit: ca. 20 min (+ 1 Std. kühlen)

Tip: Diese Nachspeise eignet sich hervorragend für ein Dinner mit Gästen, denn sie läßt sich gut vorbereiten. Dann allerdings sollten Sie ein wenig Butter und Zucker darüberstreuen, damit sich keine Haut bildet. Die Frucht- und Marmeladensorte können Sie natürlich ganz nach Belieben auswählen.

Mandarinentortellinis mit Walnuß-Marzipan-Sauce

(für 2 Personen)

1/2 Pk. Blätterteig (TKK)
3 Mandarinen
1 Eigelb
Mehl
Öl zum Ausbacken

Den mehlierten und ausgerollten Blätterteig in Rechtecke schneiden, mit Eigelb von innen bestreichen und mit Mandarinenstücken füllen. Schließlich zu Tortellini falten und im tiefen, nicht zu heißen Fett goldbraun backen.

Walnuß-Marzipan-Sauce
Puderzucker
50 g Marzipan
6 Walnüsse
60 g Zucker
Rotwein
125 ml Sahne

Für die Sauce den Zucker karamelisieren, das Marzipan und die gehackten Walnußkerne dazugeben, mit Rotwein ablöschen und mit Sahne auffüllen. Die fertiggebackenen Tortellini mit Puderzucker bestreuen und die Sauce dazu reichen.

Zubereitungszeit: ca. 25 min

Pfannküchlein mit Pflaumenmus

(für 2 Personen)

1/2 Würfel frische Hefe
150 g Mehl
2 Eier
150 ml Milch
125 g Pflaumenmus
250 g Quark
150 g Zucker
Puderzucker

Aus der frischen Hefe, Mehl, Zucker, Eiern und 125 ml warmer Milch einen glatten, sämigen Teig rühren und an einem warmen Ort 20 Minuten gehen lassen. Dann nochmals gut durchrühren und den Teig im tiefen Fett zu kleinen Talern ausbacken.
Den Quark mit 75 g Zucker und der restlichen Milch anrühren. Die Taler mit dem Quark und dem Pflaumenmus schichtweise auf Tellern anrichten, mit etwas Puderzucker und evtl. Minzeblättern ausgarnieren.

Zubereitungszeit: ca. 40 min

Über die Autorin

Susanne Vössing

geb. 10. September 1964 in Bühne/Westfalen

- Ausbildung zur Köchin in Warburg
- Köchin im Restaurant Alt Warburg
- Sommelière für das Kleine Restaurant im Oerschenhof, Münster
- Privatköchin bei der Firma Ziege, Münster
- Chef de Partie im Pavillon Montsouris, Paris
- Sous Chef de la Sauce im Lucas Carton, Paris
- Chef de Partie de Poisson im La Coupole, Paris
- Sous Chef im Yvan, Paris
- Küchenchefin im Le Marron, Bonn
- Betriebsleiterin im Delfter Haus, Köln
- Küchenchefin Restaurant La Société, Köln
- Küchenchefin im Restaurant Yvan, Paris

Heute:
- freiberufliche Köchin

Außerdem:
- Studium mit Übersetzer-Diplom an der Sorbonne, Paris

Der Verlag dankt den folgenden Firmen für ihre freundliche Unterstützung:
KAHLA Porzellan, Thüringen; LURCH Küchenaccessoires, Hildesheim